La mort expliquée
à ma fille

DU MÊME AUTEUR

La Consolation : mots pour maux
Autrement, « Morales », n° 22, 1997

Emmanuelle Huisman-Perrin

La mort expliquée à ma fille

Éditions du Seuil

ISBN 2-02-047435-2

www.seuil.com

À ma mère,
à la mémoire de sa mère.

Il est paradoxal de vouloir expliquer la mort à sa fille, et plus encore à sa fille de onze ans. Il semble qu'il y ait mieux à faire ou plus urgent ou moins difficile. Et puis la mort concerne tout le monde, les grands-pères, les pères et les fils autant que les grands-mères, les mères et les filles.

Alors pourquoi ce projet et pourquoi ce parti pris d'expliquer la mort sans la dramatiser ? Il m'est arrivé comme à tant d'autres – peut-être un peu plus qu'à d'autres – d'annoncer des morts proches à mes enfants. Et j'ai connu le désarroi de ces annonces qui allaient transformer leurs vies comme la mienne.

Ici, il ne s'agit pas de cela. Je n'annonce aucune mort et mes propos ne changent le cours d'aucune existence. Je tente seulement d'« expliquer » à mon plus jeune enfant, en dehors de circonstances tragiques, dans une période personnelle d'accalmie, ce que j'ai compris de la mort dans ma vie. Si j'ai choisi de parler à ma fille de onze ans, et non à mes fils plus âgés et tout aussi intéressés et concernés par ce sujet, c'est parce qu'il me semble qu'au sortir de l'enfance, la mort peut se dire plus simplement. Les tout petits enfants parlent souvent de la mort. Puis, en grandissant, ils cessent de le faire. Ils n'osent plus. Ils sont conscients de l'angoisse et du silence des adultes. Je souhaite combattre ce silence. Si l'on ne peut éviter la mort, on peut du moins éviter d'en faire un mystère ou un tabou.

Il y a sous ce projet un désir sans doute illusoire : celui de tenir un discours consolateur sur la mort, et de voir en elle non pas seulement la cause d'un manque atroce, d'une souffrance toujours ravivée, mais aussi un phénomène naturel et acceptable.

Un tel discours pourrait paraître fade ou mièvre face au désespoir de ceux qui sont plongés dans le marasme et l'affliction. Mais dire la mort, l'envisager sans la réduire, la mesurer sans la minimiser, l'évoquer précisément sans l'élucider, ce n'est ni la comprendre ni l'expliquer proprement dit, ces tâches sont rationnellement impossibles, c'est l'entendre ou l'apprivoiser, pour éviter l'horreur et la peur. Dialoguer avec un enfant sur la mort peut être une des meilleures façons de se tenir au plus près de la vie en tentant de faire reculer le silence et l'angoisse.

– On a parlé de la mort en classe, parce que le père de Mathilde est mort. C'était horrible, tout le monde était mal, Mathilde était blanche…

– Il y a certains sujets dont on parle le moins possible : la mort en est un, la sexualité aussi, l'argent parfois. C'est ce qu'on appelle des sujets tabous. On n'en parle pas de peur de mettre les autres dans des situations embarrassantes, de les blesser ou de rappeler des souvenirs difficiles. Je pense néanmoins qu'on peut parler de tout, mais peut-être pas dans toutes les circonstances, ni avec tout le monde. Il faut choisir son moment. Crois-tu que vous auriez mieux fait de ne pas parler de la mort du père de Mathilde en classe ?

– Oui, car ça n'a rien changé et ça nous a tous rendus malades. Mathilde n'avait pas du tout envie qu'on sache… Si la maîtresse n'avait rien dit, on aurait tous été moins angoissés…

– S'il vaut mieux, par pudeur ou parce que ça ne sert à rien, ne pas parler du tout de la mort, on a peut-être raison d'en faire un tabou…

– *Peut-être. Mais tu peux essayer de m'en parler si tu crois que ça peut me rassurer !*

– Je ne pense pas que j'arriverai à te rassurer car je trouve comme toi qu'il n'y a rien de plus angoissant que la mort. Quand j'ai une crainte pour votre santé ou la mienne, comme lorsqu'un examen médical est anormal, ou que j'imagine l'éventualité d'un accident qui vous toucherait, j'ai affreusement peur. Comme une boule au ventre... Parfois même je n'arrive plus à travailler. L'idée de la mort paralyse.

– *Tu sais pourquoi ?*

– Parce qu'on a envie que les choses durent, que la vie continue comme elle est, que les enfants vivent et grandissent en paix, et que les adultes vieillissent. Mais peut-être aussi parce qu'on ne sait rien sur la mort, ni ce qu'il y a après, ni ce qui nous arrivera et ce qui arrivera aux autres. C'est très mystérieux, la mort...

– *C'est ça qui me fait peur, de ne pas savoir ce qu'il y a après...*

– Cela fait peur et, en même temps, c'est fascinant. On peut imaginer plein de choses. Par exemple qu'après la mort on retrouve tout le monde, tous ceux dont on a été séparé. Ou alors, on peut penser que la vraie vie commence, une vie facile, sans problème, ni maladie.

– *Moi, j'imagine plutôt qu'il n'y a rien, plus rien, plus vous, et c'est ça qui me fait peur et me rend triste. Si j'étais sûre de vous retrouver, ça me rassurerait...*

– Il n'y a pas de raison d'être triste puisqu'on ne sait rien. Personne n'est jamais revenu pour dire ce qu'il y avait après la vie…

– *Tu en es sûre ?*

– Oui ! C'est à cela qu'on reconnaît la mort, au fait que personne n'en réchappe et n'en revienne. Il n'y a que dans les mythes et les histoires qu'on en revient, et encore… Tu connais le mythe d'Orphée ?

– *Non, je ne sais même pas ce que c'est qu'un mythe !*

– Dans l'Antiquité grecque et romaine, on faisait appel aux mythes pour expliquer ce qu'on ne comprenait pas bien. Ce sont des récits qui mettent en scène des dieux ou des personnages légendaires et qui permettent de donner une origine ou un sens à ce qu'on n'explique pas rationnellement. Orphée était un poète qui précisément avait pu aller au royaume des morts et en revenir. Il avait reçu des dieux une lyre dont il jouait admirablement. Il épousa une nymphe, Eurydice, dont il était très amoureux. Un jour, elle se fit piquer par un serpent et elle mourut. Orphée devint fou de douleur et de tristesse. Il obtint de Zeus la permission d'aller chercher Eurydice au royaume des morts et de la ramener sur la terre. Avec sa lyre, il calma le gardien des Enfers, qu'on appelait Cerbère. Il tenta ainsi d'arracher sa femme à la mort. Mais Zeus avait mis une condition à cette délivrance. Orphée ne devait pas regarder Eurydice avant d'avoir atteint le monde des vivants. Au moment où il parvenait aux portes de l'Enfer, il voulut s'assurer qu'Eurydice le suivait bien, alors il se retourna et elle disparut pour toujours.

Orphée est donc le personnage de la mythologie qui a connu le royaume des morts puisqu'il en est revenu. Mais il n'appartenait pas à ce royaume, car il n'était pas mort lors de ce voyage aux Enfers. Dans ce mythe, les limites n'ont donc pas été transgressées : Orphée n'a pas pu déjouer la mort, et faire revenir Eurydice à la vie.

– *Je ne comprends pas très bien ! On ne peut revenir du royaume des morts que si on est vivant. Mais si on est vivant, on ne peut pas aller au royaume des morts ! Si Orphée a pu y aller, c'est qu'il était un personnage imaginaire, car, en vrai, on ne peut pas aller voir les morts !*

– Tu as parfaitement compris ce qu'est un mythe : un récit imaginaire dont on tire une vérité qui nous permet de mieux éclairer le réel quand celui-ci est mystérieux. On pourrait tirer de ce mythe une première leçon : les morts ne reviennent pas malgré l'amour que les vivants leur portent. Tout l'amour d'Orphée ne peut pas faire revenir Eurydice.

– *Orphée aime encore Eurydice, même morte ?*

– Oui, l'amour ne s'arrête pas du jour au lendemain parce que la personne est morte. Ce serait pratique, mais ce n'est pas comme cela que ça se passe. Tout l'amour qu'on portait à une personne qui a disparu reste en nous, même si on ne peut plus le lui manifester puisqu'elle n'est plus là. On est toujours plein de cet amour et on ne sait pas quoi en faire… C'est encombrant…

– *Qu'est-ce qu'on fait, alors ?*

– D'abord on est triste, parfois désespéré. Ensuite on essaye de reporter cet amour ailleurs, sur d'autres gens ou d'autres choses, mais ce n'est pas facile, car ce sont les personnes mortes qui manquent aux vivants, et non pas celles qui sont encore là.

– *Si les morts ne reviennent pas, et qu'ils manquent tant aux vivants, est-ce que les vivants ne peuvent pas aller les voir ?*

– Mais comment veux-tu qu'ils aillent les voir ?

– *Comme Orphée justement, en allant au royaume des morts…*

– N'oublie pas que c'est un mythe ! Et dès qu'Orphée tourne son regard vers Eurydice, elle disparaît à jamais. C'est la deuxième leçon du mythe. Les vivants ne peuvent pas voir les morts. Dans la réalité, d'ailleurs, c'est la même chose, on ne peut pas ou plus voir les morts. On ne voit que ce qu'il en reste, leur corps avant qu'ils soient enterrés ou leur squelette, puis les objets qui leur ont appartenu. Tout le reste n'est qu'imagination, ou rêve, ou souvenir.

– *Et les fantômes ? Ce ne sont pas des morts qui reviennent voir les vivants ?*

– C'est ce qu'on dit à leur propos. On parle d'ailleurs de « revenants », c'est-à-dire de morts qui reviendraient hanter les vivants. Sais-tu pourquoi ils reviendraient ?

– *Pour leur faire peur ?*

– Parce qu'ils n'auraient pas eu de sépulture. On ne les aurait pas enterrés ou inhumés, on ne leur aurait pas apporté les soins et les attentions habituels que les vivants réservent aux morts. Alors, mécontents, ils reviendraient hanter la conscience des vivants. Je ne crois pas à l'existence de tels fantômes. Je ne crois pas qu'il y ait des lieux hantés. Mais il me semble que, dans la conscience des vivants, certains morts reviennent très souvent parce que, précisément, on n'a pas pu les mettre en terre ou leur apporter les soins nécessaires. C'est vrai par exemple des déportés, qui ne sont pas revenus et qu'on n'a pas pu enterrer. Il ne s'agit pas de fantômes mais plutôt de « fantasmes », c'est-à-dire d'êtres qui n'existent que dans notre imagination. C'est d'ailleurs ce que signifie l'étymologie du mot « fantôme » (en grec *phanthasma*).

– *Ta grand-mère, qui a été déportée, est donc un fantôme ?*

– Pour nous, elle l'a été longtemps, tant qu'on n'a pas su ce qui lui était arrivé à Auschwitz, tant qu'on ne lui a pas rendu les hommages nécessaires, comme mettre une plaque dans un cimetière et rappeler son souvenir.

– *En fait, tu ne crois pas aux fantômes ! Tu dis que les morts ne reviennent jamais « en vrai », que les vivants ne peuvent pas voir les morts autrement qu'en songe. Tu ne crois pas aux allées et venues entre la vie et la mort ?*

– Non, je n'y crois pas. Mais à quoi penses-tu vraiment quand tu parles d'allées et venues ?

– *Quand on est très malade, ou qu'on a perdu connaissance, est-ce qu'on n'est pas déjà comme mort ? Et quand on va mieux, on revient à la vie.*

– Il n'y a pas d'expérience de la mort car on ne meurt qu'une fois. Il est impossible de revenir pour témoigner de ce que l'on a vu. Si l'on en revient, c'est que, en réalité, on n'était pas mort. Ceux qui prétendent avoir vu la mort étaient seulement dans le coma. On ne peut donc pas, en toute rigueur, parler d'allées et venues.

– *Mais il y a des gens qu'on a cru morts et qui ne l'étaient pas !*

– Il y a certainement eu quelques cas... D'ailleurs, pendant très longtemps les hommes ont eu peur d'être enterrés vivants. Mais il s'agissait plus d'une crainte, d'une terreur même, que d'une réalité. Dans les faits, c'est très rarement arrivé. Aujourd'hui, c'est quelque chose qui ne peut plus se produire car un médecin vient constater la mort. S'il a des doutes, on pratique un examen sur le cerveau qu'on appelle un électroencéphalogramme. Si celui-ci est « plat » ou « nul », alors seulement on déclare la personne morte. C'est ce qu'on nomme la « mort cérébrale ».

– *C'est rassurant de savoir qu'on ne peut plus être enterré vivant... Mais je ne sais toujours pas ce qu'il y a après la mort...*

– On ne pourra jamais le savoir. C'est un mystère. Il ne sera jamais éclairci. Tout ce que je peux te dire, c'est ce que les hommes ont imaginé, et comment ils se sont représenté la vie après la mort.

– *C'est la même chose !*

– Non, ce n'est pas la même chose. Ce n'est pas un savoir, ce ne sont que des croyances, des représentations, des songes…

– *Bon, raconte. On meurt et puis…*

– Et puis, cela dépend… des religions, des moments de l'Histoire, des façons de penser des hommes… Tu as dû apprendre cette année, en sixième, ce que les Égyptiens pensaient de la mort ?

– *Non pas ce qu'ils pensaient, ce qu'ils faisaient. Veux-tu que je te parle des momies ?*

– Si tu veux. Mais pourquoi des momies ?

– *Parce qu'une momie, c'est le corps de quelqu'un de mort qu'on entoure de bandelettes pour bien le conserver. Chez les Égyptiens, pour pouvoir vivre après la mort, il y avait trois conditions : tu devais conserver ton corps, avoir l'âme pure et accomplir des rites magiques. Alors les morts passaient devant le tribunal d'Osiris où on pesait les cœurs. Si le cœur était plus lourd qu'une plume, il était mangé par un monstre et le mort disparaissait à jamais, s'il était léger comme une plume, c'est qu'il n'avait pas fait de mal pendant la vie et il pouvait devenir immortel.*

– Pour les Égyptiens et dans beaucoup de religions, la conduite de la vie détermine ce qui se passera après la mort.

– Tu veux dire que si on se conduit bien pendant la vie, on a une belle mort ?

– Plutôt une belle vie après la mort... Mais, toi, crois-tu à la vie éternelle ?

– Je ne sais pas. J'aimerais bien continuer à vivre, mais je ne crois pas que ce soit possible...

– Les religions ont posé la question de la survie des âmes et des corps. Comme apparemment, à la mort, le corps reste sur terre et dépérit...

– Tu veux dire qu'il pourrit.

– Oui... c'est pourquoi dans certaines religions on dit que seule l'âme survit, indépendamment du corps ; dans d'autres, on dit qu'elle se réincarne, c'est-à-dire qu'elle va se réinstaller dans un autre corps.

– On change de vie ?

– Exactement, et les existences se succèdent au rythme des réincarnations. Dans certaines variétés du bouddhisme et de l'hindouisme, on peut même devenir plante ou animal.

– Tu peux devenir lapin, fleur ou princesse ?

– Oui !

– *Mais où devient-on ainsi ?*

– Cela dépend. Pour le bouddhisme et l'hindouisme encore, les réincarnations sont terrestres. On revit sur terre jusqu'à ce qu'on atteigne le Nirvana, c'est-à-dire le dernier stade du cycle de réincarnation, celui où l'on quitte l'existence terrestre. Mais dans d'autres religions, les lieux d'après la mort peuvent varier : dans le ciel, sous la terre... Ils sont imaginairement situés et souvent symboliquement. Par exemple, chez les chrétiens, le Paradis est plutôt au ciel et l'Enfer plutôt au cœur de la terre, parce que, pour eux, ce qui est le plus proche de Dieu est en haut et le plus éloigné en bas.

– *Est-ce que si on creuse la terre on trouve l'Enfer et les flammes ?*

– Non, les lieux symboliques n'existent pas dans le réel, mais seulement dans la croyance, ou dans l'imaginaire. Pourtant, bien qu'imaginaires, ils peuvent avoir une très grande réalité pour les hommes. Pendant des milliers d'années, les hommes ont vraiment cru à l'Enfer. Ils étaient sûrs qu'il existait. Ils en avaient des visions très précises de feux, de diables, de supplices... Progressivement, ces croyances ont évolué. Aujourd'hui, les chrétiens ne croient plus vraiment à l'existence de l'Enfer, ils se contentent d'espérer un lieu de récompenses.

– *Est-ce qu'il y a d'autres lieux pour les morts que l'Enfer et le Paradis ?*

– Cela varie aussi en fonction des religions. Pour celles qui croient au salut, il y a des lieux de récompenses et de punitions. Mais pour celles qui n'y croient pas, le lieu des morts est nettement plus neutre, il est l'endroit où ils reçoivent des offrandes et les prières des vivants, et où ils peuvent les conseiller.

– *Les morts peuvent donner des conseils aux vivants…*

– Certains imaginent que leurs parents disparus reviennent les protéger ou leur porter secours quand ils en ont besoin.

– *Les morts sont alors comme des protecteurs ou comme des sages.*

– Ils ont parfois ce rôle auprès des vivants. Mais la plupart du temps, les hommes craignent leur retour. Au lieu d'être une joie ou un réconfort, l'idée que les morts puissent revenir dans le monde des vivants s'est souvent accompagnée de frayeur. Les vivants souhaitent alors s'en protéger et les écarter. C'est ainsi qu'on peut, au fond, comprendre ce qui se passe à la fête d'Halloween. Tu as remarqué qu'à Halloween, les enfants se déguisent en fantômes, en squelettes, en vampires et qu'on creuse des citrouilles comme des têtes de mort.

– *Bien sûr !*

– Dans la tradition celte, le début du mois de novembre a toujours été associé à la fête des Morts. À la fin de l'automne, presque à l'entrée de l'hiver, au moment où en Europe le froid et les maladies risquaient de faire mourir beaucoup de gens, les hommes ont décidé de rendre hommage aux morts.

Ils craignaient que ceux-ci, mécontents, ne viennent les chercher pour les prendre avec eux. Ils ont imaginé alors une transaction, un échange : ils ont demandé aux morts de les laisser tranquilles, de ne pas venir les harceler, et, en échange de cette tranquillité, ils leur donneraient des cadeaux…

– *Mais ils n'ont pas pu leur parler pour leur proposer cet échange !*

– Non, pas vraiment. Comme les morts n'étaient pas réellement présents, les vivants les ont représentés symboliquement.

– *Tu veux dire « pour de faux » ?*

– Si tu veux. Pour représenter ou personnifier les morts, traditionnellement, on les fait jouer par des enfants. C'est pourquoi à Halloween les enfants se déguisent en morts, en squelettes, en fantômes, en vampires et demandent des friandises aux adultes, c'est-à-dire aux vivants. Les adultes les couvrent alors de bonbons pour qu'ils repartent contents et cessent de les ennuyer. C'est comme si les vivants disaient aux morts : « Partez et laissez-nous tranquilles ! »

Noël, c'est une autre transaction. Si les adultes comblent les enfants de cadeaux, c'est pour célébrer la vie au moment où, après le solstice d'hiver, les jours commencent à allonger. C'est la fin des « jours angoisseux », cette période de l'hiver où la nuit et le froid gagnent, où la lumière baisse, où l'on redoute les maladies et la mort des plus faibles… Avec Noël, on fête le retour de la lumière.

– *Je pensais que Noël, c'était la naissance de Jésus…*

– C'est vrai pour les chrétiens. Mais les fêtes ont des traditions multiples… Je t'ai parlé d'Halloween qui signifie étymologiquement *all hollow's eve* (la veille de la Toussaint). Les chrétiens ont repris les dates de cette très ancienne tradition celtique ; ils célèbrent Dieu et tous les saints le 1er novembre (le jour de la Toussaint) et les morts le 2 novembre (le jour des morts). Mais alors qu'à Halloween ce sont les morts qui viennent voir les vivants, le 2 novembre ce sont les vivants qui visitent les morts pour les honorer.

Il s'est passé la même chose à Noël. Les chrétiens ont substitué aux fêtes païennes d'origine romaine (comme les saturnales et les brumales) la fête de la nativité du Christ qu'ils ont située le 25 décembre. L'important, c'est sans doute de comprendre le sens de ces fêtes très anciennes : en Occident, les hommes avaient peur de l'hiver, du froid, de la famine. Alors, au moment où il n'y avait plus de récolte et où ils craignaient de mourir de faim, ils ont choisi, par diverses célébrations, d'honorer les morts afin de les amadouer, de les mettre de leur côté… Sais-tu d'ailleurs comment, longtemps en Europe, on a représenté la mort ?

– *Pas du tout.*

– Comme une « dame à la faux » qui vient moissonner la vie, c'est-à-dire couper, faucher les vies, comme on fauche l'herbe… On peut comprendre cette image dans un monde où il y avait beaucoup de paysans.

– Mais pourquoi la mort était-elle représentée par une femme ?

– Les femmes donnent la vie, elles peuvent aussi donner la mort… Pourtant, ce n'était pas toujours une femme… Je crois que cela dépend beaucoup du genre du mot « mort » dans la langue que l'on parle. En français, le mot est féminin, alors souvent la mort est représentée par une femme. En allemand, le mot est masculin et là on parle de « l'homme à la faux » (*der Sensemann*). Quand on représente un squelette avec une faux, on ne sait pas bien le sexe de ce squelette… Dans de très nombreux pays, la mort est figurée par un squelette. C'est une façon stylisée de la représenter. S'il n'y a plus que des os, c'est que le temps a déjà fait son travail et que la mort ne date pas d'hier. C'est moins horrible que l'idée d'un cadavre dont la chair se décompose…

Au Mexique, le 2 novembre, il y a une immense fête des Morts. Tout le pays se remplit de squelettes en sucre, en papier, en plâtre qu'on achète et dont on décore les maisons. Ce n'est pas un jour triste. On s'amuse en célébrant les morts. On va au cimetière, non pas pour se recueillir silencieusement, prier ou fleurir les tombes comme en Europe, mais pour faire de la musique, pique-niquer et décorer les tombes. Chaque famille va sculpter sur la tombe de ses proches, avec de la terre, des objets qui font penser au mort qu'on veut honorer : son chapeau, sa voiture, ses bijoux, etc. Le soir, on rentre chez soi, content d'avoir pu passer du temps en compagnie de ceux qui ne sont plus sur terre.

– Mais on n'était pas vraiment en leur compagnie…

– Les morts n'étaient pas là, mais comme on a pensé à eux tout le temps, comme on a symboliquement partagé un repas avec eux, c'est comme si on avait passé la journée avec eux… Moi, il m'arrive aussi d'avoir cette impression…

– *D'avoir passé la journée avec un mort ?*

– Oui. Si tu fais quelque chose qui te rappelle beaucoup la personne disparue, ou si quelqu'un te parle longuement d'elle, c'est comme si elle était avec toi… Beaucoup de morts m'accompagnent ainsi dans la vie… Et je pense n'être pas la seule à vivre cela, même si peu en parlent…

– *Moi, je ne réagis pas comme ça ! C'est trop triste… Je ne veux pas penser à mon arrière-grand-mère Gabrielle par exemple, parce que, dès que je pense à elle, ça me rend triste.*

– C'est une autre solution. On peut essayer de ne pas penser aux morts et à la mort. C'est d'ailleurs ce que font la plupart des gens. Ils considèrent comme toi que la mort n'est pas un sujet plaisant et la seule perspective de leur propre disparition, comme de celle de leurs proches, leur paraît insoutenable.

– *Pas toi ?*

– Bien sûr que si… L'idée de la disparition de ceux que j'aime m'est insupportable. Mais mon expérience répétée de la mort m'a obligée à y penser souvent et beaucoup. Je me sens familière avec la mort comme avec certains morts. Et je préfère évoquer leur souvenir plutôt que de les laisser dans l'oubli.

– *Tu n'as même pas peur d'évoquer la façon dont ils sont morts ?*

– Non, je redoute l'émotion qui me saisit alors, mais je pense qu'il ne faut pas tenir secrète la façon dont les hommes meurent.

– *Alors, dis-moi…*

– Que veux-tu que je te dise ?

– *Comment sont morts tes frères ?*

– Mes frères sont tous les deux morts jeunes : l'un d'un accident de la route à vingt-quatre ans, l'autre d'un problème de santé, une rupture d'anévrisme, à trente-cinq ans. Ce fut brutal et imprévisible. Les façons de mourir sont extrêmement variées. Une mort à laquelle on peut se préparer n'est pas moins pénible ou douloureuse qu'une mort accidentelle, mais elle est très différente.

– *Moi, je préférerais mourir brutalement, mais je voudrais que toi tu meures lentement…*

– Je te comprends. On dit d'ailleurs de quelqu'un qui ne s'est pas vu mourir qu'il a eu une « belle mort ». En fait, je ne suis pas sûre qu'il y ait de « belle mort », mais mourir sans souffrir, et sans se rendre compte que l'on meurt, cela semble plus agréable pour ceux qui meurent. Pour ceux qui restent, c'est difficile. Car le temps manque alors pour comprendre ce qui arrive et l'on reste avec des regrets, des envies d'adieu, des paroles qu'on aurait dû dire et qu'on n'a pas dites, des doutes…

On se demande par exemple si la personne qui est morte savait bien à quel point elle était importante pour nous, à quel point on l'aimait...

– *Pour Gabrielle, tu te rappelles, quand j'étais toute petite, je lui avais dit : « Gabrielle, je t'adore ! »*

– Je me le rappelle... Elle avait dû en être très contente. Quand les gens ne meurent pas d'un seul coup mais s'éteignent progressivement, on a le temps de prendre congé d'eux et de leur dire ce qu'on voulait leur dire, comme eux peuvent le faire aussi, même si le déclin est souvent long et pénible.

– *Tes frères n'ont rien eu le temps de te dire ?*

– Non, ils sont morts trop rapidement.

– *Tu regrettes de ne pas les avoir revus ?*

– Je regrette de ne pas avoir continué de vivre avec eux ; je les regrette ; mais je ne regrette pas de ne pas les avoir vus mourants et diminués.

Tu n'as donc pas vu tes frères morts ?

– Non, j'ai toujours évité de voir les gens que je connaissais, morts. Mes frères, je n'avais pas envie de les voir morts. J'avais peur de ne garder d'eux que ces dernières images. Je voulais garder des images d'eux vivants.

– *Moi, je crois que j'aurais envie de voir les personnes que j'ai aimées une dernière fois.*

– Ça dépend. Une fois, on m'a proposé d'aller voir la dépouille de quelqu'un que j'aimais, en me disant qu'elle était très belle et très calme. Je n'ai pas eu le courage de refuser, de dire que je ne le souhaitais pas, parce que cela semblait faire plaisir aux membres de sa famille qui étaient là. Alors j'ai vu cette personne qui ne ressemblait plus à celle que je connaissais. On l'avait coiffée très différemment de la façon dont elle avait l'habitude de le faire. La couleur de sa peau était devenue jaune comme la cire. Elle n'avait pas son sourire habituel. Ce n'était plus elle. Un mort n'a plus grand-chose à voir avec le vivant qu'il était. C'est pour cela que je trouve inutile de le voir. Sauf si on a besoin d'être persuadé qu'il est vraiment mort.

– Je repense à tes frères, ils n'ont pas eu le choix…

– Que veux-tu dire ?

– Ils n'ont choisi ni le lieu de leur mort ni la façon dont ils sont morts…

– Avec la mort, tu sais, on choisit très peu…

– Quand même, ceux qui prennent beaucoup de risques, les coureurs automobiles, les alpinistes, ils savent qu'ils risquent de perdre leur vie… C'est comme les gens qui fument trop…

– C'est vrai. Mais cette question du risque et de la mort est très compliquée. Nous ne sommes pas toujours responsables de tout. Il y a souvent des choses imprévisibles. Tu sais, d'ailleurs, le mot

« accident » signifie « ce qui arrive de façon imprévisible et fortuite ».

– *C'est-à-dire ?*

– Cela veut dire par hasard. Un accident est ce qui arrive par hasard. Mais comme il est difficile de croire que les choses arrivent par hasard seulement, on introduit des intentions, des volontés. On se dit qu'il y a des raisons ou des explications possibles. Tout le monde fait cela. Quand ta grand-mère est morte d'un accident de cheval, au lieu de me dire « elle a eu un accident, c'est ainsi, il ne faut pas chercher plus loin, cela arrive », j'ai commencé par lui en vouloir horriblement. J'étais furieuse qu'elle ait pris des risques inutiles, qu'elle n'ait pas pensé à nous, qu'elle n'ait pas été plus prudente, qu'elle nous ait tous privés de sa présence à jamais.

– *Pourquoi lui en avoir voulu ? Tu m'as dit qu'elle adorait la vie. Si elle avait su qu'elle allait mourir, elle ne serait pas montée à cheval ce jour-là.*

– Ce n'est pas sûr... Vivre, c'est prendre des risques. Comme on ne sait jamais quand on va mourir, on vit en faisant des choses dangereuses mais qui sont amusantes. Et rien n'est plus difficile que de savoir évaluer la part de prudence et d'imprudence. On balance toujours entre deux attitudes : réfléchir aux dangers qui nous menacent pour les prévenir, ou défier la mort en la pensant impossible. Certains règlent le problème en croyant au destin et en affirmant que ce qui doit arriver arrivera, quoi qu'on fasse.

– *Croire au destin, c'est croire que les choses arrivent malgré nous, ou sans qu'on les décide, c'est cela ? Tu crois à cela, toi ?*

– Non, je crois qu'on peut prévenir certains risques et faire très attention. Mais on ne peut pas tout prévoir et tout éviter. En voiture par exemple, même si l'on est très prudent, on ne peut pas toujours éviter le chauffard saoul qui nous fonce dessus.

– *Pour l'accident, je comprends ce que tu veux dire, on ne choisit pas vraiment de mourir, mais si tu fumes et si tu bois trop, là tu choisis de mourir bien plus tôt…*

– C'est le risque, mais ce n'est pas en disant cela que l'on évite aux gens de fumer et de boire. J'ai des amis qui fument deux fois plus quand ils pensent aux statistiques des cancers du poumon, justement parce que ces chiffres les angoissent !

– *C'est idiot !*

– On ne peut pas interdire tout ce qui est mauvais pour la santé. Chacun décide ce qu'il boit, ce qu'il mange, comment il veut vivre… On peut informer les gens, on ne peut pas décider pour eux. Si on ne choisit pas toujours sa mort, on peut, au moins, choisir la façon dont on veut vivre…

– *Tu penses qu'on est plus libre par rapport à la vie que par rapport à la mort ?*

– Je n'en suis pas sûre… Il y a dans la vie comme dans la mort plein de choses qui nous échappent… Je t'ai parlé des façons de mourir. Il y a aussi l'endroit où l'on meurt. Aujourd'hui, la plupart des gens meurent à l'hôpital. Qu'il s'agisse de mort accidentelle ou de maladie, dans 70 % des cas, en France en tout cas, on meurt dans un établissement hospitalier. Ce phénomène est nouveau. Il y a moins d'un siècle encore, on mourait chez soi. Même si l'on avait eu un accident, on se faisait soigner à l'hôpital et on retournait à la maison pour mourir. Maintenant, les choses ont changé. Les mourants ne retournent plus chez eux. Même leurs proches semblent les fuir, ou les craindre.

– *Ça te paraît normal ?*

– Je le comprends, mais je ne trouve pas cela vraiment normal. Au lieu de s'occuper des personnes proches qui sont en train de mourir, on préfère les confier à des spécialistes, c'est-à-dire aux médecins, aux infirmiers, aux aides-soignants. Ils sont souvent formidables d'ailleurs. Mais je crois que la mort n'est pas qu'une affaire de spécialistes. C'est aussi une affaire de famille, d'amitié, d'amour…

– *Moi, je ne voudrais pas être là. Ça me ferait trop peur…*

– Bien sûr, cela fait peur. Mais toi, tu peux être tranquille, on n'oblige pas les enfants à être à côté des mourants. On les protège de la mort. On leur évite ce spectacle. Seuls les adultes rendent visite aux mourants, et encore, peu le font… C'est pourtant très important d'accompagner les gens qui meurent, d'être là pour eux, d'oser parler de ce qu'ils veulent, de se taire aussi, de tendre juste une main. Quand j'ai peur, j'ai très envie d'être avec des personnes qui me rassurent. Lorsque j'ai accouché de vous, j'ai demandé à ton père de ne pas me quitter un seul instant, parce que j'avais peur… Si je me voyais mourir, je voudrais qu'il soit là aussi, qu'il me tienne la main…

– *Tu n'es pas un peu romantique ?*

– Peureuse, surtout ! Mais tout le monde n'est pas comme moi. Certains aiment être seuls quand ils ne vont pas bien ou quand ils ont peur… Ton grand-père, dès qu'il est malade, nous demande de le laisser tranquille. Il ajoute même : « Je veux mourir tout seul ! » Il recherche la solitude. Mais la solitude voulue est bien différente de celle qui est subie. Si l'on désire être seul, comme ton grand-père, c'est bien. Mais si l'on est seul sans l'avoir choisi, parce qu'on est à l'hôpital, que plus personne ne vient vous voir, cela n'est pas la même chose. C'est un vrai problème que la mort fasse peur aux autres. Les hommes n'ont pas nécessairement envie d'être seuls pour mourir, or la peur isole les mourants… On peut se retrouver à la fois triste parce que l'on meurt et délaissé par les autres qui ont peur de la mort et s'en détournent.

– *Qu'est-ce qu'on peut faire contre ça ?*

– Réfléchir d'abord. On peut se demander si l'hôpital est le meilleur endroit pour accueillir ceux qui vont mourir, comme c'est le cas sept fois sur dix.

– *Au moins, à l'hôpital, on n'est pas vraiment seul, il y a des infirmières, des docteurs, des gens pour s'occuper de nous…*

– C'est vrai, mais l'environnement est particulier, très médical, un peu froid. Beaucoup de gens souhaitent rentrer chez eux pour mourir. Il existe d'ailleurs en France ce qu'on appelle l'hospitalisation à domicile. Des médecins, des infirmiers, des psychologues vont chez le malade pour le soigner. Je me demande s'il ne serait pas parfois plus bénéfique de maintenir les gens chez eux, les personnes très âgées par exemple, avec un système d'aide à domicile, plutôt que de les envoyer à l'hôpital, où ils n'ont plus leurs repères, et où on les traite comme des malades. Je ne dis évidemment pas cela pour critiquer l'hôpital.

– *Tu préférerais que les gens meurent chez eux ?*

– J'aimerais que les gens choisissent l'endroit où ils souhaitent mourir et qu'on puisse y réfléchir avec eux sans angoisse et sans gêne. Rester chez soi si personne ne vient vous entourer et si l'on est très souffrant, c'est impossible. Il vaut bien mieux, dans ce cas, être à l'hôpital. Mais si l'on a une famille attentive et présente et une assistance médicale, on peut mourir chez soi, entouré de ses objets familiers, des photos des gens qu'on aime, de ses proches…

– *Moi, j'inviterais mes copines…*

– Ce n'est tout de même pas une fête, mais je te comprends ! Pouvoir prendre congé des personnes que l'on aime et leur dire qu'on les aime est précieux. Le second mari de ma mère l'a attendue pour mourir. Elle était allée chercher des fleurs et, quand elle est rentrée du marché, il lui a dit : « Je t'attendais pour te dire adieu. » Elle s'est allongée à côté de lui et il est mort.

– *Comme ça, d'un coup ?*

– Oui, mais c'était la fin d'une longue agonie.

– *Il ne lui a pas dit « je t'aime » ?*

– C'est sans doute ce qu'il voulait dire... Tu vois, dans une maison il y a des fleurs, des allées et venues, du mouvement, de la vie, les animaux familiers... Ce n'est pas comme dans une chambre d'hôpital.

– *L'idéal serait de combiner les deux. Être à l'hôpital pour ne pas avoir mal et pour être bien soigné ; avoir beaucoup de visites pour ne pas être triste et seul, et enfin, décorer sa chambre comme à la maison pour ne pas être dépaysé...*

– Ton idée est bonne et quelqu'un l'a déjà eue. C'est une femme médecin. Elle s'appelait Cicely Saunders. Elle travaillait à Londres dans un hôpital : le *Saint Christopher's Hospice* qui accueillait des malades incurables.

– *Incurables, qu'est-ce que ça veut dire ?*

– Des malades qu'on ne sait pas guérir.

– *Et qui vont donc mourir très vite...*

– Ils vont mourir, mais pas nécessairement très vite. Ils peuvent mourir lentement et dans des souffrances abominables. Et plus ces douleurs seront insupportables, plus le temps paraîtra long. C'est à ce problème qu'était confrontée Cicely Saunders. Elle voulait soulager les malades de leurs souffrances interminables.

– *Elle voulait les aider à mourir ?*

– Oui, et sans souffrance. Alors elle a mis au point un traitement où elle prescrivait très régulièrement à ses patients des médicaments qui soulagent la douleur, ce qui les empêchait de souffrir. D'ailleurs, « patient » signifie étymologiquement celui qui souffre, celui qui est passif. Ces médicaments, qu'on appelle des antalgiques, prescrits à très forte dose et combinés avec de la morphine, permettent aux malades de ne plus avoir mal. Ils se détendent alors et peuvent refaire des choses que leurs douleurs interdisaient, comme parler à leurs proches ou même rentrer chez eux. Cicely Saunders ne s'est pas contentée de mettre au point ce traitement. Elle a ouvert l'hôpital à des prêtres et à des bénévoles, à des équipes qui osent entourer les mourants et leur parler, y compris de la mort. L'idée d'un lieu spécialement conçu pour donner des soins à ceux qu'on ne peut plus guérir, mais que l'on peut encore soulager, était née. Depuis elle a fait son chemin. En France, ce n'est qu'en 1984 que sont apparus les premiers services de soins palliatifs. On les appelle ainsi parce qu'ils pallient, ils apportent un remède provisoire à l'impossibilité de guérir.

– *Toi, si tu en avais besoin, tu voudrais aller dans un service de soins palliatifs ?*

– Résolument, si je meurs de maladie. Et je souhaiterais cela pour les miens également. Le combat pour développer ce type de services me paraît décisif. Puisque l'on va nécessairement mourir, mieux vaut que ce soit dans les meilleures conditions et avec le minimum de souffrances ! La réflexion sur la mort doit permettre aux hommes de mieux mourir, sinon elle est inutile. Mais je voudrais te parler d'une autre femme qui, elle aussi, a beaucoup fait pour que les hommes meurent mieux.

– *C'est encore une Anglaise ?*

– Non, elle est originaire de Suisse mais elle a vécu la plupart du temps en Amérique. Elle s'appelle Elisabeth Kübler-Ross. Elle est psychiatre. Depuis 1965, Elisabeth Kübler-Ross travaille avec des malades atteints du cancer. Elle les a interrogés, elle a rapporté leurs récits, leurs angoisses, leurs espérances, leurs déceptions pour parvenir à mieux comprendre leurs attentes, à savoir comment les aider. De son expérience, elle a tiré une théorie décrivant les différentes étapes vécues par les grands malades avant leur mort. Elle en a répertorié cinq qui vont du refus de la maladie à la colère, en passant par le marchandage, le désespoir, jusqu'à l'acceptation de la mort.

– *Je comprends le refus, la colère, le désespoir, mais l'acceptation ? Tu crois vraiment qu'il y a des malades qui meurent en acceptant la mort ?*

– Je n'en suis pas sûre. Moi, je crois que je serais très en colère de mourir d'une grave maladie et je ne jure pas que mon agonie serait calme et tranquille…

– Tu ne sais pas... On a du mal à s'imaginer en train de mourir... Jusqu'à présent, tu m'as dit où on meurt et comment, mais tu ne m'as pas dit de quoi on meurt le plus.

– Dans les pays dévastés par la guérilla, les révoltes, la guerre, les hommes meurent lors d'attentats, de combats, de bombardements, ils meurent aussi de faim ou par manque de soins. Dans un pays en paix comme la France, on meurt davantage de maladie.

– Du cancer, surtout ?

– C'est vrai pour les adultes qui ont entre trente-cinq et soixante-quinze ans. Parce que quand on raisonne avec des chiffres, comme tu le fais en géographie ou en histoire, il faut distinguer précisément l'âge des gens, leur sexe, le moment où ils vivent, etc. Tu vas comprendre pourquoi.

– J'ai déjà compris, je crois. Les gens meurent généralement vieux. C'est plutôt rare les bébés ou les enfants qui meurent...

– Tu as compris. Aujourd'hui, en Europe, les jeunes meurent moins que les adultes et beaucoup moins qu'autrefois. Il y a eu sur ce point des changements considérables dans l'Histoire. Avant, les êtres les plus fragiles et les plus exposés à une mort rapide étaient les bébés et les enfants. Maintenant, ce n'est plus le cas, on a très sérieusement diminué le taux de la mortalité infantile. Il y a bien encore des jeunes qui meurent, mais c'est pour des causes souvent nouvelles. L'automobile, les mobylettes ou les motos sont des inventions relativement récentes qui causent un nombre considérable d'accidents mortels qu'on ne connaissait pas jadis.

Les accidents de voiture ou de mobylette frappent davantage les jeunes qui sont des conducteurs moins expérimentés. Au contraire, dans les années vingt, les jeunes entre vingt et vingt-cinq ans mouraient de maladie, en particulier de la tuberculose. Mais pas d'accident de voiture. Or, aujourd'hui, 40 % des jeunes meurent ainsi.

– *C'est beaucoup !*

– C'est considérable. Cela donne envie de dire aux jeunes conducteurs d'être très prudents, mais eux veulent aller vite et se faire plaisir... Tout ce que je te dis là est vrai des pays développés, des pays riches. Dans les pays pauvres, on ne meurt pas au même âge, ni des mêmes choses. Le taux de mortalité infantile reste souvent très élevé. Les diarrhées et la rougeole, par exemple, tuent beaucoup de bébés alors qu'en Europe ce n'est plus le cas. Et l'on ne vaccine pas les enfants partout de la même façon. Il y a encore beaucoup d'enfants qui meurent du tétanos et de la rougeole dans le monde alors qu'on dispose de vaccins très sûrs. Il y a donc d'immenses inégalités selon les pays et les systèmes de protection sociale.

– *Tu veux dire qu'on ne meurt pas partout des mêmes choses ?*

– Exactement. Dans les pays développés, les maladies cardio-vasculaires sont la première cause de décès. Puis les cancers pour les moins de soixante-cinq ans. Dans les pays en développement, on meurt davantage du paludisme, de la tuberculose, et des conséquences de la dénutrition, du manque de nourriture. Tu vois, on ne peut vraiment pas comparer.

– *Certains ont trop à manger et c'est mauvais pour leur santé, d'autres n'en ont pas assez et ce n'est pas bon non plus !*

– Oui, et puis des maladies nouvelles apparaissent.

– *Tu vas me parler du sida…*

– Bien sûr… Le sida est une maladie dont tu as déjà beaucoup entendu parler à l'école ou à la télévision. Elle s'est développée à partir des années quatre-vingt. Elle a fait mourir plus de vingt millions de personnes dans le monde et l'épidémie se poursuit, en particulier en Afrique, où les hommes n'ont pas les moyens de se soigner. Dans les pays riches, les gens peuvent à présent s'acheter les médicaments qui retardent l'apparition de la maladie. Dans les pays où les hommes sont trop pauvres, ils ne peuvent pas s'offrir cette trithérapie qui pourrait les maintenir en vie. Or cette maladie, dont on parle effectivement beaucoup, tue en fait moins de gens, à l'échelle du monde, que le paludisme que je viens d'évoquer. Et pourtant tu connais le sida, mais je ne suis pas sûre que tu aies jamais entendu parler du paludisme.

– *C'est vrai !*

– En ce qui concerne la mort, nous n'avons pas toujours le bon point de vue, nous ne sommes pas toujours bien informés et nous mettons en avant ce que nous connaissons, ou ce que nous craignons le plus, sans que cela soit toujours le plus important. Les hommes concentrent leur peur sur certaines maladies qui vont être associées à l'idée d'une mort certaine. Pendant longtemps, en Europe, ce fut la lèpre, puis la peste, puis le choléra. Aujourd'hui, la peur de la mort se fixe principalement sur le cancer. Mais ce n'est pas parce qu'une maladie fait peur et qu'on en parle beaucoup qu'elle est nécessairement la plus meurtrière. Par exemple, dans les causes de mortalité masculine, entre le sida et l'alcoolisme, laquelle estimerais-tu la plus meurtrière ?

– *Le sida.*

– Eh bien, ce n'est pas vrai : 1,5 % des hommes meurent par an du sida en France, alors que 3 % meurent d'alcoolisme, ce qui fait quarante-cinq mille personnes par an, l'équivalent du nombre de personnes habitant dans un arrondissement de Paris. Mais on n'en parle pas ou peu.

– *Pourquoi ?*

– C'est lié, notamment, à des raisons économiques. Les producteurs d'alcool ne tiennent pas à faire trop de publicité sur les méfaits des boissons alcoolisées. Mais il y a aussi des raisons culturelles. En France, le vin et l'alcool font partie des traditions, des coutumes. Boire un coup entre amis, au café ou à table, c'est célébrer la vie dans ce qu'elle a d'agréable et de précieux. Associer la boisson à la mort, ce serait contraire à cette tradition de bien-être où le vin est un savoir-vivre, non un savoir-mourir…

– *Et pourtant tout le monde sait bien que c'est très dangereux de boire, quand on conduit par exemple.*

– Mais les hommes sont libres de choisir… C'est ce que je te disais tout à l'heure. Cependant, les possibilités de choix ne sont pas illimitées car on ne choisit pas de naître dans un pays riche ou dans un pays pauvre, dans un pays où il y a un véritable système de protection de la santé ou non.

– *Tu dis qu'on ne choisit pas le pays où l'on naît, ni la façon dont on meurt, est-ce qu'on peut choisir au moins les détails de la cérémonie ?*

– Qu'est-ce que tu veux dire ? La musique, les discours et la façon dont on veut être enterré ?

– *Oui, moi par exemple, je voudrais qu'il y ait mes amies, et que l'on passe la chanson de Jean-Jacques Goldman :* Comme toi. *Et puis, j'aimerais qu'il y ait une grande fête après, avec un buffet, comme pour l'enterrement de ta tante…*

– Il est possible de mettre par écrit ce que l'on souhaiterait et d'en avertir ses proches. Je te le dis parce que, quelques mois après la mort de mon frère cadet, on a retrouvé dans son bureau une lettre où il disait tout ce qu'il souhaitait pour le jour de son enterrement. Comme il ne nous en avait pas parlé, ses vœux n'ont pas pu être exaucés. J'ai regretté de ne pas avoir trouvé ce papier à temps… Les choses avaient été faites à notre idée et non pas à la sienne…

– *Est-ce que c'était très différent, son idée et la vôtre ?*

– Pas tellement, mais il avait des souhaits que nous ignorions… C'est généralement la famille qui règle la question de ce qui arrive après la mort. Elle décide du cérémonial, parfois même contre les volontés de celui qui est mort.

– *C'est injuste !*

– Oui, mais comme celui qui est mort n'est plus là pour défendre son point de vue, la famille peut revenir à ses habitudes. Et comme le moment du décès est très douloureux et très difficile, la communauté familiale est rassurée de se sentir aidée par une religion et des coutumes. Les athées n'ont pas cette possibilité.

– *Moi, quand je vais au cimetière, je mets une fleur ou un caillou, ça dépend de ce que je trouve… L'important, c'est de montrer que je suis venue et que j'ai pensé très fort à la personne qui est morte.*

– Dans la tradition catholique, on lance des fleurs sur le cercueil ; dans la tradition juive, on dépose des petits cailloux sur la tombe. Toi, tu fais les deux. Même athée, on entretient avec les morts une sorte de culte, on leur rend hommage, on manifeste du respect envers eux. Ce qui caractérise l'espèce humaine depuis l'homme de Néanderthal, c'est qu'elle s'occupe de ses morts et, le plus souvent, les enterre.

– *Les animaux ne font pas cela ?*

– Non, seuls les hommes enterrent leurs morts. Ils leur rendent hommage en prenant soin et de leur corps et de leur âme. Ainsi, avant d'enterrer les morts on les nettoie, c'est ce qu'on appelle la toilette mortuaire ou funéraire. Et souvent aussi on les habille.

– *On habille les morts, maman !*

– Oui, la plupart du temps.

– *Alors on peut demander comment on veut être habillé dans sa tombe ?*

– Oui. Mon beau-père voulait être revêtu de sa tenue de juge. Et moi j'ai toujours dit que je voudrais être enterrée avec mon pull-over rouge qui est si doux et si confortable ! Mais on peut vouloir être vêtu de sa tenue la plus chic, ou d'une tenue militaire si on l'a été, ou de l'uniforme de son métier, de ses décorations, etc.

– *Est-ce que partout on habille les morts ?*

– Non, dans certaines cultures, on se contente de les recouvrir d'un linceul. Mais on peut aussi souhaiter que le corps subsiste et qu'il ne se modifie pas…

– *Comme en Égypte ?*

– On n'embaume plus les morts aujourd'hui, comme dans l'Égypte ancienne. Et même alors, on ne réservait cette technique qu'aux pharaons et à leur famille. En revanche, on peut essayer de conserver le corps plus longtemps. C'est ce qu'on appelle la « thanatopraxie ». C'est une pratique qui permet de préserver le corps du défunt pendant quelque temps pour le présenter en public. Mais ce n'est pas une pratique religieuse. Une autre possibilité existe pour la conservation du corps : la cryogénisation, la conservation par le froid. Quelqu'un de très riche peut demander à ce que son corps soit conservé dans de la glace.

– *Comme les mammouths qu'on a retrouvés en Sibérie ?*

– Oui, comme eux.

– *Mais à quoi ça sert ?*

– Certains pensent qu'en se faisant « cryogéniser » au moment de leur mort, ils pourront, quand les techniques le permettront, revenir à la vie ! Mais c'est absurde car on ne saura jamais ressusciter les morts !

Il y a aussi, et de plus en plus, des gens qui choisissent non pas d'être enterrés, mais d'être incinérés.

– *Comme le grand-père de Lola ?*

– Oui, tu connais cette cérémonie.

– *J'ai trouvé ça atroce, quand on brûle le corps et qu'on attend des heures qu'il soit réduit en cendres…*

– Tu exagères la durée. Mais le temps paraît long en effet. L'incinération présente quelques avantages par rapport à l'enterrement. D'abord, c'est moins coûteux. Ensuite, une urne prend très peu de place. Enfin, l'idée que le corps et l'âme disparaissent en même temps peut paraître plus satisfaisante à certains, de même que l'idée de finir par le feu. Cette pratique est très courante dans les pays du nord de l'Europe à faible tradition catholique, et elle se développe de nos jours en France. L'Église catholique s'y était opposée à un moment mais ce n'est plus le cas, contrairement à d'autres traditions qui la refusent encore.

Je t'ai signalé toutes ces façons de prendre soin du corps des morts. Mais l'un des buts des cérémonies religieuses, c'est aussi de prendre soin de leur âme pour qu'ils puissent accéder à une nouvelle vie. En Inde, quand on brûle le corps d'un hindou, ceux qui assistent à la crémation ne doivent pas pleurer pour ne pas troubler l'âme qui part, dans le moment le plus important pour elle, celui de sa réincarnation. Chez les catholiques, c'est la messe qui est le moment important parce que les croyants s'y rassemblent pour demander à Dieu d'accueillir celui qui est mort.

– *Mais une crémation en Inde, c'est très différent d'un enterrement en France…*

Oui, les cérémonies et les rites funéraires prennent des formes différentes selon les religions et les pratiques. Et une même pratique revêt des formes différentes selon les religions et les cultures : une incinération au crématorium du Père-Lachaise a peu de rapports avec une crémation à Bénarès. C'est une des grandes villes sacrées de l'Inde où beaucoup d'hindous se rendent pour mourir. Les pèlerins y vont se baigner dans les eaux sacrées du Gange, en empruntant de grands escaliers qui descendent jusqu'au fleuve. On peut y voir brûler les morts sur de vastes bûchers funéraires. Mourir à Bénarès permet, dit-on, d'obtenir un salut immédiat et d'éviter le cycle infini des naissances et des morts. Tu te souviens quand je t'ai parlé de la réincarnation… Les âmes s'engagent ainsi plus vite sur la voie du repos éternel. De nombreuses personnes âgées, séduites par cette perspective, affluent donc à Bénarès pour y finir leurs jours. Les rites, tu le vois, peuvent être très différents. Leurs différences résident aussi dans les délais. Pour les musulmans, par exemple, il faut enterrer très rapidement le mort, le jour même de son décès si possible, alors que pour un catholique ou un juif cela n'est pas nécessaire. De toute façon, la plupart du temps, on se conforme aux usages du pays : en France, on ne peut inhumer quelqu'un moins de vingt-quatre heures après le constat de décès, on ne peut donc enterrer un musulman le jour même de sa mort… Mais on ne peut pas non plus dépasser un délai de six jours à moins de demander une dérogation à la préfecture de police. La date des obsèques est donc assez réglementée. Mais une fois ces exigences juridiques respectées, les rituels peuvent varier. Chez les juifs, le rituel se fera de façon répétée pour entretenir le souvenir du mort, d'abord tout au long de la veillée mortuaire, puis chaque jour de la semaine de la mort du défunt, puis à chaque date mensuelle anniversaire de sa mort, puis la première année, etc. Chez les catholiques, on célèbre généralement une messe un an après la mort. On espère ainsi que le souvenir des morts subsistera dans les esprits.

Les cérémonies funéraires ont donc, tu le vois, plusieurs fonctions. Elles permettent d'accompagner le corps et l'âme de la personne qui est morte, mais elles aident aussi les proches à exprimer leur douleur en la manifestant de différentes façons. Soit en pleurant ouvertement. Soit en demandant à des professionnels de pleurer à leur place.

– Tu plaisantes ! On paye quelqu'un pour pleurer ?

– Je ne plaisante pas. De nombreuses civilisations ont eu et ont encore recours à cette pratique. Pour que la cérémonie soit réussie, il faut qu'il y ait beaucoup de monde et en particulier beaucoup de pleureuses qui expriment symboliquement la tristesse de tous. Mais il est possible de montrer sa tristesse autrement, sans pleurs. Chez les juifs, on déchire un habit, et les hommes ne se rasent plus pendant une semaine. On peut revêtir des habits de deuil, généralement des habits noirs, mais qui peuvent dans certains pays, comme au Japon, en Chine ou au Liban par exemple, être blancs. On peut aussi se couper les cheveux, ou se coiffer autrement… Il y a bien des façons de mettre en scène, à l'aide de rites, la perte d'un proche. Et ces pratiques diverses évoluent dans le temps. Quand j'étais petite fille, on savait qu'il y avait un mort dans une maison ou un immeuble parce que, le jour de l'enterrement, un grand dais noir était dressé au-dessus de sa porte, sur lequel ses initiales étaient inscrites en grandes lettres d'argent.

– C'est quoi « un dais » ?

– C'est comme une tente ou un auvent. C'était très impressionnant. Et les gens étaient habillés tout en noir, quelquefois même les femmes avaient des voiles qui leur descendaient jusqu'aux pieds.

Elles faisaient peur. Maintenant, on ne fait plus tout ça. On se contente de se mettre en noir ou en vêtements sombres le jour de l'enterrement. Les hommes portent parfois une cravate noire pendant un mois ou un an. Mais avec ou sans rituel, le chagrin demeure. Les coutumes ne changent rien au malheur ou au désespoir. Elles peuvent seulement aider à le mettre en scène et à le faire partager.

Le dernier sens des cérémonies funéraires, c'est qu'elles permettent précisément à la communauté des vivants de se réunir et de se sentir liée ou soudée après la disparition d'un de ses membres. Quand on évoque le souvenir d'un mort, les relations qu'on a eues avec lui, on mesure mieux ce qu'on perd avec sa disparition. Se rassembler autour de sa dépouille, évoquer son souvenir, ce qu'il a apporté à tous, c'est une façon d'envisager comment continuer sans lui. C'est penser à ce que l'on va faire en souvenir de lui. C'est aussi se demander comment reprendre à notre compte ce qu'il nous a appris et transmis. Une cérémonie funéraire est un rassemblement de personnes qui appréciaient le défunt, qui mesurent la perte qui est la leur, et qui repartent dans la vie.

– *Tu aimes les enterrements ?*

– Je n'aime pas cela. C'est à la fois bouleversant et éprouvant. Mais il me semble qu'y être présent permet de marquer son respect et son attachement au souvenir de la personne qui est morte comme à ses proches. J'ai aimé être entourée au moment où j'ai perdu certains des miens. J'ai à mon tour envie d'être là pour mes amis. Mais les cérémonies funéraires, c'est-à-dire ce qui arrive immédiatement après la mort de quelqu'un, ne sont pas l'essentiel… Le plus important, selon moi, c'est après… Quand chacun repart chez soi et doit réapprendre à vivre, sans la personne qui est morte, sans sa chaleur, ses sourires, ses coups de téléphone… Là, on entre vraiment dans un autre temps, ou une autre vie…

– *Qu'est-ce que tu veux dire ?*

– Quand quelqu'un vient de mourir, il y a d'abord le choc de l'annonce, l'intensité de l'émotion, les formalités à accomplir, les cérémonies, les rituels… La prise de conscience que la personne que l'on pleure et qui nous manque ne reviendra pas, et qu'il va falloir « faire avec » et « faire autrement qu'avant », ne vient que progressivement. Cette période-là, qui peut être très longue, est celle que les psychologues appellent la période de deuil.

– *Qu'est-ce que ça veut dire, « le deuil » ?*

– Le deuil est l'état dans lequel on se trouve après la perte d'une personne proche. Cela désigne non seulement un ensemble d'habitudes sociales – on porte des vêtements particuliers, on ne peut pas ou on ne veut pas se rendre à des fêtes ou à des cérémonies auxquelles on se serait volontiers rendu en temps normal –, mais aussi un état d'âme.

– *Après un enterrement, on est donc en deuil.*

– En fait, la période de deuil commence plus tôt. Dès l'annonce de la mort de quelqu'un, on est en deuil. Le choc de cette annonce provoque d'ailleurs la plupart du temps l'incrédulité. Si on ne peut croire à l'annonce de la mort de quelqu'un, c'est que la mort en général, comme la mort de cette personne-là en particulier, est littéralement incroyable et incompréhensible.

– *Pourquoi ? On sait bien que tout le monde va mourir.*

– On le sait théoriquement. Mais quand cela arrive réellement, on n'arrive pas à y croire. D'une part, parce que les hommes pensent toujours un peu qu'ils sont immortels, d'autre part, parce que le refus ou l'incrédulité sont les seules formes de défense possibles face à la violence de l'annonce – même si elle est faite avec adresse et ménagement – de cet événement irréversible. On espère que c'est un cauchemar. Les périodes de réveil, les matins, sont à ce moment-là particulièrement difficiles, car il faut remettre les choses à leur place, et comprendre que le mauvais rêve n'en est pas un, que c'est la vie qui est devenue cauchemardesque ! Chaque fois qu'un de mes proches est mort, j'ai espéré que je faisais un cauchemar, et qu'à mon réveil j'allais retrouver la personne que je pleurais, mais jamais, bien sûr, cela ne s'est produit ! Je me suis surprise à penser qu'il me suffisait d'aller à l'endroit où je retrouvais souvent la personne qu'on me disait morte pour qu'elle y soit, à m'attendre… Et je me le dis encore, aujourd'hui…

– *C'est comme si tu refusais cette mort.*

– Oui, et que je désirais encore que ce fût une fausse nouvelle. Ce désir-là peut persister très longtemps, des années après la mort, quand bien même on a eu le temps de se faire à l'idée d'une disparition définitive.

– *Pourtant, tu as bien compris que les gens sont morts !*

– Certaines morts me paraissent toujours incompréhensibles, bien que j'aie tenté de tout comprendre des accidents, des maladies, de l'agonie, des dernières paroles, etc. Pour mon frère cadet par exemple, je n'ignore rien des circonstances de sa mort, de ce qui s'est passé, de ce qu'il a dit, pourtant je ne peux pas comprendre que ce jeune frère, toujours disponible et prêt à tout, ne le soit plus. C'est incompréhensible. Et malgré les détails réalistes dont je dispose, sa mort me paraît aussi mystérieuse que scandaleuse.

– *Il n'y a pas de jour qui passe sans que tu penses à lui ?*

– C'est difficile. Je ne sais pas comment te répondre honnêtement. Le deuil a ses temps propres. Au début, pendant la première année qui a suivi sa mort, je pensais à lui tout le temps, nuit et jour, la vie était très pénible. Je mangeais, je travaillais, je m'occupais de vous, mais j'étais lestée par un chagrin permanent. Je me demandais sans cesse comment j'allais faire sans lui. Il avait toujours fait partie de ma vie, de mes expériences, de mon horizon. Les années suivant sa mort, il me manquait à chaque dîner, à chaque fête, à chaque événement. Je pensais à lui en regrettant sa présence, son sourire, son affection. Je me disais qu'il ne voyait pas grandir mes enfants, qu'il ne connaissait pas tel bonheur que je vivais et que nous aurions pu partager. J'avais le sentiment que la vie était très injuste. J'ai ressenti les mêmes choses après la mort de ta grand-mère. Dès que je voyais une grand-mère heureuse avec ses petits-enfants, j'étais envieuse de cette relation et je me disais : « Voilà une joie que mes enfants n'auront pas... » J'en étais infiniment triste. Ce que je déteste avec le deuil et le chagrin, c'est qu'on y éprouve des sentiments mesquins, on peut devenir jaloux, envieux et étriqué, ce qui n'arrive jamais avec la joie.

– Tu n'as jamais été contente dans ces moments-là, même avec nous ?

– Si, bien sûr, même s'il y a eu des jours terribles où la vie me paraissait insensée, désertée par ceux que j'avais perdus. Le deuil est un moment nécessaire dans l'existence. Vivre, c'est toujours faire l'expérience de la perte et de la séparation. On perd ses grands-parents, ses parents, ses amis. Cette expérience, bien que douloureuse, est habituelle et normale. Il y a d'autres épreuves sans doute aussi terribles et aussi irréversibles comme être atteint dans son corps par un accident ou une maladie, donner naissance à un enfant malade ou anormal, devoir renoncer à une profession ou à une vocation...

Du deuil, on peut sortir, quand la vie reprend un peu de sens, et qu'on peut considérer l'existence qu'on a eue avec la personne disparue comme des moments d'autant plus précieux et heureux qu'ils sont révolus... Mais cela prend du temps d'apprendre à survivre à ceux qu'on a aimés et qui vous manquent...

– Même quand on a des enfants, un mari ?

– L'amour des enfants, d'un mari et d'amis permet que la vie continue. Mais rien ne remplace l'amour de ceux qu'on a perdus. Chacun d'entre nous est absolument irremplaçable et manque à sa façon à ceux qui l'ont aimé.

– *Qu'est-ce qui peut aider alors ?*

– Continuer à aimer, à travailler, à trouver du sens à la vie, malgré son caractère insensé, malgré les tristesses et les découragements. Un jour de désespoir, je me suis dit que plus rien ne valait la peine. J'ai téléphoné à une amie pour lui dire mon découragement. Elle m'a sommée d'aller au travail, de me forcer à continuer, de cesser de penser au sens de l'existence, que le sens reviendrait bien un jour… Je suis allée travailler. Et les choses ont repris leur cours. Il suffit parfois de peu.

– *On travaille, mais on reste triste…*

– Les chagrins du deuil sont variables, ils peuvent être liés aux rapports faciles ou difficiles qu'on avait avec la personne qui est morte, de son vivant, comme à la culpabilité qu'on éprouve de lui survivre…

– *On se sent coupable ?*

– Tu sais, on peut se sentir coupable de bien des choses vis-à-vis d'une personne qui est morte, à commencer par le fait de continuer à vivre alors qu'elle est morte, de continuer à rire, à manger, à faire les choses que l'on faisait avec elle ou qu'elle aurait voulu faire…

– *C'est idiot…*

– C'est comme ça. On peut cependant tourner les choses autrement. Et perpétuer le souvenir en continuant les activités qu'on avait ensemble auparavant.

– *Par exemple ?*

– Aller à la pêche à la palourde, manger des crêpes et ramasser des jacinthes sauvages en pensant à Yves, aller au restaurant et voyager en pensant à Raphaël, faire du riz au lait et de la crème au caramel en pensant à Gabrielle, faire de la philosophie grecque en pensant à Jean, lire tel texte de Kant en s'imaginant converser avec Betty… La liste serait longue… Les morts ne disparaissent pas de notre vie. Nous leur parlons dans notre tête. Nous pouvons même imaginer parfois que nous leur téléphonons, mais malgré notre désir, ils ne répondent jamais !… Et puis, on peut parler d'eux. Ils restent ainsi un peu vivants.

– *Tu penses donc qu'il ne faut pas les oublier, qu'ils doivent rester présents dans nos vies ?*

– Moi, je ne peux pas faire autrement. Mais bien des gens n'évoquent jamais les personnes qui sont mortes, comme s'ils ne pouvaient en parler, que c'était trop douloureux…

– *Papa est comme cela !*

– Il y a autant d'attitudes face à la mort qu'il y en a face à la vie. Certains évitent radicalement d'y penser et se divertissent en pensant toujours à autre chose. D'autres y reviennent toujours.

– *Toi, tu fais plutôt partie de ceux-là…*

– Sans doute… Mais on peut penser à la mort, sans y penser sans cesse, sans se gâcher l'existence, en la mettant à la bonne place, à la bonne distance, pour apprécier d'autant plus la vie.

– *Mais comment ?*

– D'abord, en comprenant que la mort fait intégralement partie de la vie. Elle en est certes la fin, mais elle en est surtout le complément nécessaire, ce qui nous la fait apprécier dans sa brièveté, ses joies, son intensité. Avoir beaucoup connu la mort, c'est ce qui permet peut-être aussi de savourer pleinement la vie, de jouir de chaque instant de santé et de bien-être. Ce n'est pas une position théorique, c'est une attitude qui permet de faire face à sa propre disparition comme à la mort des autres…

– *Je ne comprends pas.*

– Faire face à sa propre mort, c'est savoir la vie risquée et fugitive, et par là infiniment précieuse. C'est se savoir éphémère, comme de passage. Cette conscience-là peut permettre de prévoir ce que l'on souhaite qu'il advienne après notre disparition, pour nos enfants par exemple.

– *Tu penses aux dispositions que vous avez prises si vous mouriez tous les deux, papa et toi. Ça nous fait horreur, à nous les enfants…*

– La perspective n'est pas réjouissante, mais mieux vaut dire et prévoir que faire comme si ça n'arrivait jamais ou seulement aux autres… Puisque nous allons tous mourir, pourquoi se voiler la face en ne veillant pas à ce qui adviendra après, à ceux qui nous survivront ? Les hommes et les femmes qui s'occupent d'organiser leur succession, de transmettre leur savoir, leurs idées, leurs volontés, font face plus calmement à l'éventualité de leur propre disparition.

– *Nous, on ne veut pas penser à tout ça !*

– Mais certains adultes sont là pour y penser. Prévoir ce qui arrivera après sa mort, l'organiser, l'expliquer aux siens et à un notaire par exemple me semble à la fois courageux et important car cela permet d'éviter les déchirements familiaux au moment des décès et des héritages. Toutefois, très peu de gens ont le courage de cette prévoyance ! Et souvent dans les familles, le chagrin provoqué par la mort d'un proche se double de la peine causée par les disputes à propos de la succession, que les défunts soient riches ou ne le soient pas. Car on peut aussi bien se disputer une grosse fortune que quelques meubles…

Faire face, non pas seulement à sa propre mort mais à la mort des autres, c'est considérer que leur vie continue jusqu'à la fin et qu'elle doit être vécue avec le maximum de dignité. L'attention à ceux qui sont malades et en fin de vie est attention à la vie, non à la mort, car les mourants sont en vie jusqu'au bout.

– *C'est ce que tu m'as expliqué tout à l'heure… Mais on ne peut pas toujours aimer et apprécier la vie. Quand on a trop mal, on n'aime pas ou plus la vie. On a envie de mourir.*

– C'est en effet le problème que posent la douleur ou la souffrance. La vie peut sembler insupportable, à tel point qu'on veuille la quitter. Dans ces moments, on n'a plus qu'une idée, celle de mourir tout de suite, tant notre corps nous fait souffrir. On ne peut plus parler, on ne peut plus penser, on désire seulement en finir. Les demandes d'euthanasie se comprennent ainsi…

– *C'est quoi, l'euthanasie ?*

– Étymologiquement, cela veut dire la « bonne » (*eu*, en grec) « mort » (*thanatos*), la mort heureuse. On utilise ce terme pour désigner l'acte par lequel un médecin aide à mourir un patient qui de toute façon est condamné. En France, c'est interdit par la loi, personne ne peut donner la mort sous peine d'être poursuivi pour homicide volontaire.

– *Pourquoi dis-tu « en France » ? Dans aucun pays du monde on n'a le droit de tuer quelqu'un d'autre…*

– C'est une question très compliquée. Certains pays autorisent la peine de mort et, dans ce cas, l'État lui-même s'arroge le droit de tuer un autre homme. Mais sans aller jusque-là, certains pays d'Europe ont légalisé l'euthanasie, les Pays-Bas et la Suisse, par exemple. Leur code pénal admet l'euthanasie ou l'aide au suicide. On ne laisse plus les gens finir leurs jours dans des souffrances physiques et morales innommables. On décide humainement de les aider à mourir dans le calme, et la dignité.

Il existe d'ailleurs en France un comité d'éthique composé d'hommes et de femmes qui réfléchissent sur les questions de morale et de droit. Le 3 mars 2000, ils ont déclaré que, dans certains cas exceptionnels, le geste d'abréger la vie serait acceptable. C'est ce qu'ils ont appelé l'« exception d'euthanasie ». L'euthanasie est toujours condamnée par la loi. Aucun texte, en France, ne légitime l'acte de donner la mort à un malade, mais dans certains cas extrêmes ce geste pourrait être compris et les tribunaux pourraient faire preuve d'une plus grande indulgence.

– *Je croyais qu'être médecin c'était sauver des vies...*

– C'est ce que disent beaucoup de médecins. Et, au niveau des principes, tu as absolument raison. Mais que ferais-tu, toi, si tu étais médecin, si quelqu'un souffrait atrocement devant toi et que tu puisses l'aider ? Regarderais-tu ailleurs ? Affirmerais-tu que ce n'est pas ton problème, que tu n'es là que pour maintenir la vie et pas pour l'abréger ?

– *Je n'y ai jamais pensé...*

– Il s'agit pourtant d'un des problèmes les plus difficiles auxquels les médecins sont confrontés. Abréger les souffrances quand on ne peut plus soigner, abréger donc aussi la vie n'est certes pas la mission du médecin, mais une tâche terrible qu'il va nécessairement rencontrer dans l'exercice de sa profession. C'est vrai aussi pour les infirmières.

– *Est-ce que certains malades se suicident ?*

– Certains patients peuvent en effet décider de mettre eux-mêmes fin à leurs jours. Mais quand on est atteint d'une maladie incurable, il faut à la fois un courage formidable et suffisamment de force pour arriver à le faire. Il faut aussi trouver les bons produits ou le bon moyen. Ce n'est pas facile de se tuer. Si l'on rate son suicide, les conditions de la survie peuvent être pires encore après. C'est pourquoi, pour le suicide aussi, on a parfois besoin de l'assistance ou de l'aide d'un médecin. Et puis pendant longtemps le suicide a été condamné religieusement, moralement et légalement. Depuis 1792 la tentative de suicide n'est plus poursuivie en France, en revanche il est toujours interdit d'aider quelqu'un à se suicider. C'est donc encore en prenant des risques que les médecins aident les patients à se tuer… En Suisse et aux Pays-Bas, c'est différent, l'assistance au suicide n'est plus condamnée. Les médecins ne peuvent être poursuivis. Cela change un peu les choses…

– *Toi, tu te suiciderais si tu te savais condamnée ?*

– Je ne sais pas si j'aurais le courage de le faire seule… J'en ai souvent parlé avec un cancérologue plein d'humanité qui a aidé beaucoup de gens à bien mourir. Je voudrais qu'un homme comme lui soit là, pour me faire une piqûre, et me donner la main pour cette dernière traversée. Je n'aimerais pas mourir seule.

– *Mais, en général, tu penses quoi du suicide quand il n'a pas de rapport avec la maladie ?*

– Autant je comprends qu'on puisse se donner la mort quand on est condamné par une maladie incurable et qu'on veuille préserver le plus de dignité possible… autant le suicide lié au désespoir et à la dépression me remplit de colère. La vie me semble le bien le plus précieux, et je crois aux solutions inattendues, aux nouvelles situations que l'on ne soupçonnait pas. Mais cette disposition d'esprit n'appartient qu'à ceux qui vont bien. Ceux qui veulent se tuer ne voient plus aucune solution à leurs problèmes… Leur souffrance est telle qu'ils ne peuvent plus rien envisager d'autre… Les plaindre a plus de sens que de leur en vouloir.

– Si quelqu'un se suicide, c'est qu'il veut mourir…

– C'est qu'il choisit d'en finir avec la vie telle qu'elle est devenue à ce moment-là… Sans penser nécessairement au malheur et à la culpabilité qu'il fera peser sur les autres. Car, pour ceux qui restent, le suicide d'un proche est une immense souffrance. Ils se reprochent ce qu'ils auraient pu faire, pu dire… Ils se reprochent de ne pas avoir compris la gravité de la situation.

Mais ces reproches me semblent à la fois inévitables et vains. Ceux qui se tuent considèrent le suicide comme une véritable issue pour eux, plutôt que comme une punition pour les autres…

– Maman, ceux qui se suicident choisissent d'en finir avec la vie, moi j'aimerais bien continuer… Est-ce qu'on pourrait arrêter cette discussion sur la mort ? Et aller manger une glace en parlant de choses gaies ?

– Bonne idée ! Si j'ai voulu évoquer avec toi ces choses graves ou pénibles, c'est que rien ne me paraît plus angoissant que le silence dont on entoure habituellement la mort. De temps en temps, il faut combattre ce silence et parler de ce qu'elle a d'inévitable ou de violent. Cela n'empêche pas d'être heureux et de profiter pleinement de la vie. Bien au contraire…

Je remercie Catherine Picard
de ses conseils judicieux
et de sa bienveillante attention.
Merci aussi à Clémentine pour ses encouragements
et ses réponses.